MAIS DISSO POR FAVOR!

Frases de empoderamento
Sua mente a seu favor

Waleria Rosado

Dedico esta obra

à minha família;

aos que já partiram

e aos que ainda estão

comigo na jornada.

Prefácio

A vida é uma imersão em um oceano de experiências e possibilidades.
Mergulhados nesse mar, nos deparamos com eventos que podem ser ora estimulantes, sedutores, preocupantes e ora traumáticos.
Em meio a esse cenário desafiador, por vezes deixamos de ser observadores aprendizes e nos tornamos parte integrante desse sistema, entrando assim num ciclo vicioso e dualístico entre o ser e o ter e perdendo o foco da jornada.
Viemos pela aventura da caminhada, com o objetivo de emergirmos mais sábios e conscientemente expandidos.
Neste livro ofereço a você leitor buscador, frases de empoderamento, para treinar sua mente a pensar a seu favor.

Ao acordar, quando sua mente está mais quieta, inspire, abra o livro e leia a frase que lhe coube para esse dia. Tome então sua pílula diária de crescimento e expansão.

No decorrer desse dia, reflita sobre a mensagem recebida e espere por eventos em que esse ensinamento fará total sentido para você.

Este é um exercício mental em busca da prosperidade em todos os aspectos da sua vida.

Waleria Rosado
São Paulo - Brasil

"O que mais é

possível que

eu ainda

não enxerguei,

num mar de infinitas

possibilidades?"

"Quantas mentiras eu estou criando, me aliando, concluindo, resistindo para não ser o Ser Infinito que eu sou?"

"Qual energia regenerativa e criadora, eu e meu corpo podemos ser, que me permita eliminar todos os julgamentos e crenças, que acumulei em meu corpo por toda a eternidade?"

"Do que estou me nutrindo?
Amor, medo, coragem,
preguiça, vida, morte,
abundância, prosperidade,
escassez, alegria, ação,
procrastinação, paz,
ansiedade, consciência,
inconsciência, gratidão,
reclamação...? "

"A QUEM PERTENCE ISSO? "

Que toda energia

que não me pertença

seja retirada

e devolvida

ao remetente.

"Esta opinião é diferente?

Interessante seu ponto de

vista sobre isso"

E também é um interessante

ponto de vista, que eu tenha

um ponto de vista sobre isso.

"O que está certo

sobre mim que

preciso perceber? "

"Quantos dramas estou mantendo no meu corpo, que está me congelando, paralisando e me impedindo de fazer escolhas?"

"Quão irracional eu escolho ser na abundância, no brilho, na prosperidade com facilidade, alegria e leveza?"

“Quais recursos
eu possuo ou
preciso, para
realizar isso
com facilidade,
alegria e sucesso?”

"Quem sou eu hoje?

Como posso

me recriar?"

"Que eu fiz tão vital
sobre meu corpo
que me recuso
a deixá-lo mudar? "

"*Quais* muros, refúgios
e obstáculos ao meu
redor, construí para
impedir que nada
de novo ou diferente
entre na minha
consciência?"

"O que eu posso ser, fazer,

ter, criar ou gerar que

tornaria minha vida e

o mundo um

lugar melhor? "

"O que eu posso

perceber, saber

e ser que faria

a vida valer

a pena? "

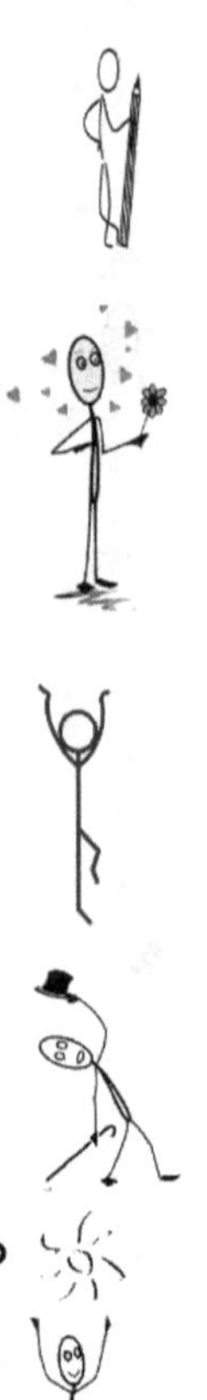

"O que falta para

eu perceber, o quanto

sou importante para

as possibilidades

do mundo? "

"Que contribuição
posso ser para
o planeta? Que
diferença posso
fazer hoje para
alguém? "

"O que mais seria possível, para sair completamente do julgamento e ser apenas um observador aprendiz? "

"Que energia e consciência eu e meu corpo ainda estamos prendendo, na crença da dificuldade, impedindo que o dinheiro venha facilmente e com alegria até mim e realize o que me é de direito como ser infinito? "

"Quantos julgamentos
refinados e crenças,
estou usando para
a ordem da realidade da
escassez, que tem impedido
que eu alcance a energia
da abundância? "

"Que corpo, tempo e espaço posso ser hoje que me tornaria mais presente e consciente, focando no agora?"

"O que
requer
minha
atenção
hoje?"

"O que eu posso escolher hoje, que abrirá as portas para possibilidades ainda mais amplas? "

"Do que eu posso

sorrir hoje,

quanta diversão

posso ter hoje? "

"O que estou

deixando

ser subtraído

de minha

prosperidade? "

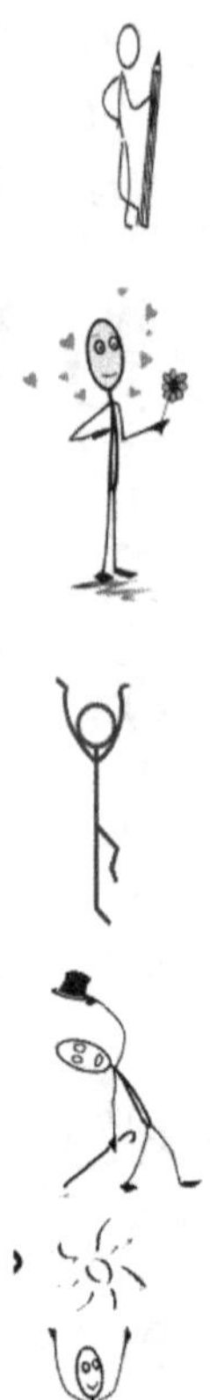

"Como seria me

permitir viver em

total felicidade,

sem me preocupar com

o julgamento do

certo ou errado? "

"Em quais verdades
estou apegado,
que me faz acreditar
não ser merecedor da
felicidade? "

"Que dores do passado
venho me recusando a
perder, pois se perdesse,
daria a intimidade comigo
mesmo e a capacidade
de criar a vida que
venho me recusando
a escolher?"

"O que posso escolher agora, que escolhendo, mudaria tudo para mais expansão e prosperidade?"

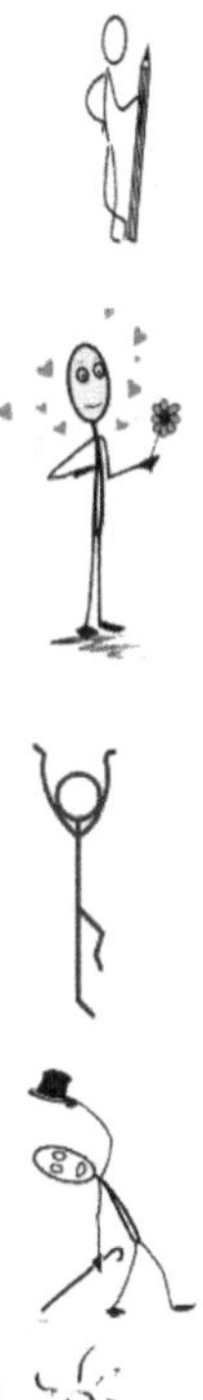

"Como seria não

perpetuar e não me

deixar envolver,

na criação de temor

e medo desta

realidade?"

"O que poderia despertar

em mim, que traria

à tona toda grandeza

de conhecimento e

discernimento? Como

perceber, saber, ser

e receber toda

essa grandeza? "

"Quanto tempo
fico me preocupando
em olhar para o passado,
para tentar apagá-lo
e esquecê-lo ao invés
de criar o meu futuro?"

"O que está me deixando
pequeno, que eu não
consigo perceber, saber,
ser e receber, a energia
que traga a grandeza
do meu ser à tona
novamente?"

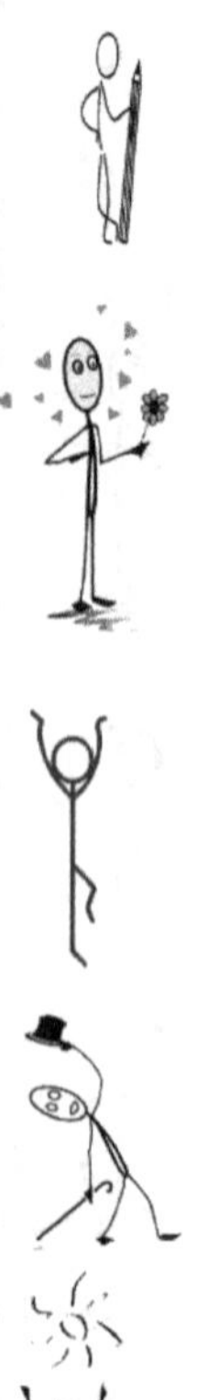

"Quantas vezes e em
quantos lugares, eu
escolhi a escolha de
outros, pelos outros
e para os outros,
ao invés de fazer a
minha escolha? "

"*Eu* estou

disposto a dirigir

minha atenção ao que

me é próprio e dar

toda a importância

devida a mim mesmo?"

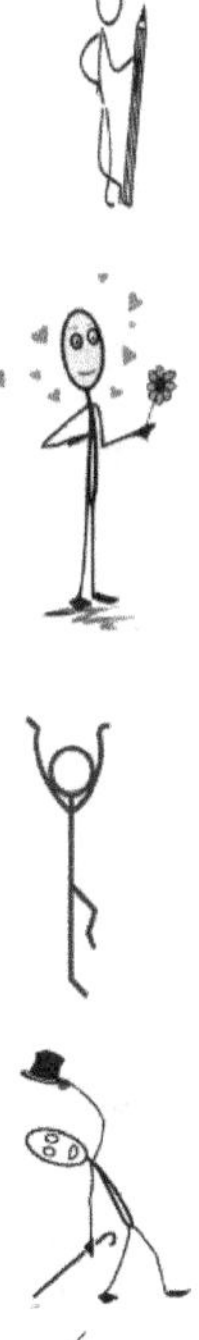

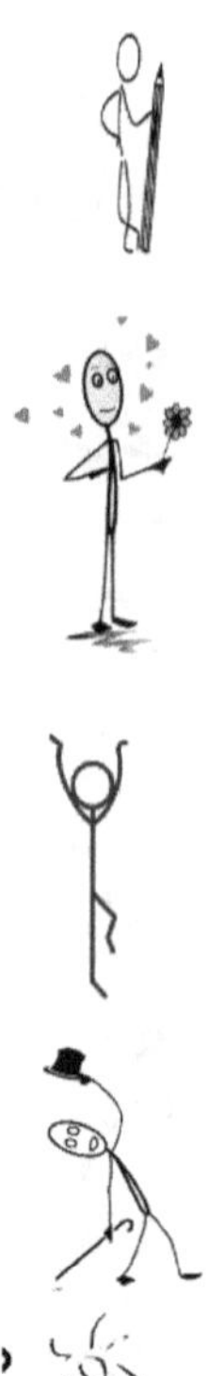

"O que me traria total clareza e facilidade ao fazer as melhores escolhas para a minha vida no amor, saúde, estudos, trabalho, prosperidade, sucesso, plenitude, felicidade e assim obter e ser tudo o que um ser infinito é merecedor?"

"O que se requer
de mim para mudar
isso, que ainda não
tenho consciência?"

"Quanta energia eu
uso contra mim
mesmo, para negar
a energia que é
verdadeiramente
ser Eu? "

" Eu dou passagem a
toda agenda secreta e
oculta do sistema familiar
materno e paterno
que escolhi nascer?
Tenho minhas próprias
verdades? "

"Estou dando

permissão a todos os

interessantes pontos

de vistas que me aliei,

reagi, conclui, resisti

ou controlei?"

"Estou me sabotando

e me autoinfligindo

com julgamentos

dos outros

e autojulgamentos?"

"*Tenho* concordado
e concluído, que tudo
tem que ser com muito
sacrifício, muita luta muito
sofrimento e nada me vem
com facilidade, alegria
e glória? "

"*A ideia* de culpa, vítima,
abuso, medo, raiva, vergonha,
onde limito meu viver e atraio
dores, sofrimentos e situações
julgadoras, para eu não ser a
potência, a magia, a mágica, a
plena consciência e o ser
Infinito que sou, tem invadido
e dominado minha mente? "

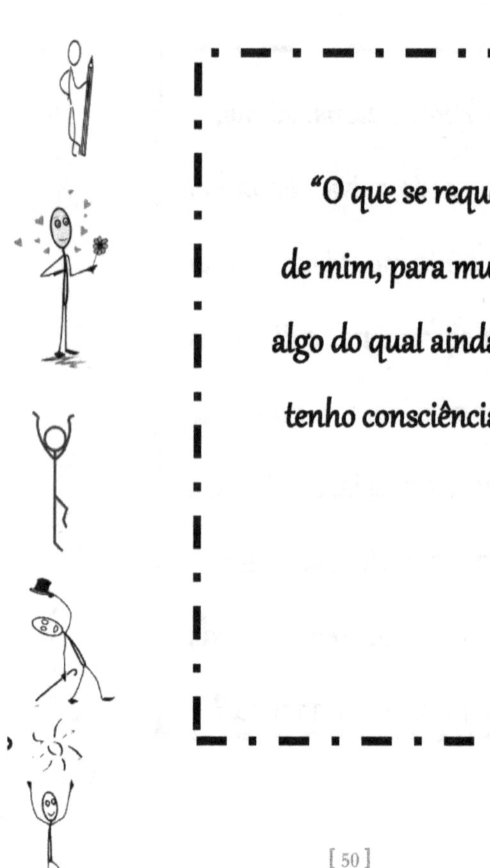

"O que se requer
de mim, para mudar
algo do qual ainda não
tenho consciência? "

"Tenho vivido com a
lembrança de que
tudo na minha infância
me levou a um
universo conflituoso?"

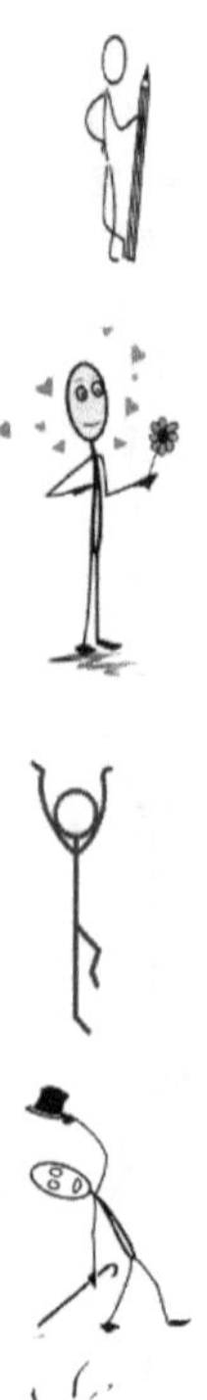

"O que eu estou criando aqui, que eu não estou percebendo e que estão trazendo resultados que não são satisfatórios? "

"Que escolhas eu estou fazendo, para ter as dificuldades que estou vivendo?"

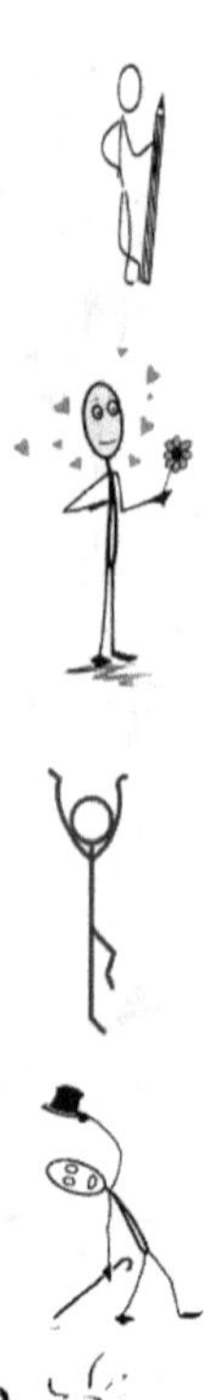

"Quantas projeções,
expectativas, separações,
julgamentos e rejeições
tenho sobre mim, em
relação à sobre quem
eu sou, que está lacrado em
minha pessoa, que é
proveniente de
minha família? "

"*Quantas* mentiras estou
usando, para ficar na zona
de conforto, onde já
conheço e da qual não
quero abrir mão
para o novo? "

"*Quantos* pensamentos
julgamentos e conclusões
venho somatizando em
meu corpo por
preocupações com
o amanhã?"

"O que se requer
de mim para mudar
a ideia sobre essa
pessoa, que ainda não
tenho consciência? "

"O que eu preciso ver?
O que eu posso escolher
que mudará
completamente
a minha vida?"

Escreva à lápis neste espaço, uma pergunta que lhe veio a mente. Troque-a por outra quando receber esta resposta.

AUTORA

Waleria Rosado Araujo nasceu na cidade de Guarujá, no Estado de São Paulo – Brasil. Escreve livros infanto-juvenis e agora lança essa obra na linha de autoajuda.
Formada em Matemática, Física, Artes Visuais e Psicopedagogia.
Atua na área terapêutica como Mestre de Reiki Usui, Radiestesista, @Praticante de Barras de Access e Numeróloga.
Acredita e investe na expansão da consciência como mecanismo de autoaprimoramento e renovação energética do Planeta.

www.ingramcontent.com/pod-product-compliance
Lightning Source LLC
LaVergne TN
LVHW050345160826
845677LV00014B/3793
9786526605141